Sonderdruck
edition suhrkamp

Hans Magnus Enzensberger

Schreckens Männer

Versuch über den radikalen Verlierer

Suhrkamp

edition suhrkamp
Sonderdruck
Erste Auflage 2006

Originalausgabe

Druck: Druckhaus Nomos, Sinzheim
Umschlag gestaltet nach einem Konzept
von Willy Fleckhaus: Rolf Staudt
Printed in Germany
ISBN 3-518-06820-2

1 2 3 4 5 6 – 11 10 09 08 07 06

Schreckens Männer

Versuch über den radikalen Verlierer

Man muß nicht alles verstehen,
aber ein Versuch kann nicht schaden.
R. K.

I

Es ist schwer, vom Verlierer zu reden, und dumm, von ihm zu schweigen. Dumm, weil es den endgültigen Gewinner nicht geben kann und weil jedem von uns, dem größenwahnsinnigen Bonaparte ebenso wie dem letzten Bettler auf den Straßen Kalkuttas, das gleiche Ende beschieden ist. Schwer, weil es sich zu leicht macht, wer sich mit dieser metaphysischen Banalität zufriedengibt. Denn damit wird die eigentlich brisante, die politische Dimension des Problems verfehlt.

Statt in den tausend Gesichtern des Verlierers zu lesen, halten sich die Soziologen an ihre Statistiken: Mittelwert, Standardabweichung, Normalverteilung. Selten kommen sie auf die Idee, daß sie selber zu den Verlierern gehören könnten. Ihre Definitionen gleichen dem Kratzen an einer Wunde: hinterher juckt und schmerzt es, wie Samuel Butler sagt, mehr als zuvor. Fest steht nur, daß so, wie die Menschheit sich eingerichtet hat – »Kapitalismus«, »Konkurrenz«, »Imperium«, »Globalisierung« –, nicht nur die Zahl der Verlierer mit jedem Tag zunimmt; wie in jeder großen Menge kommt es bald zur Fraktionierung; in einem chaotischen, undurchsichtigen Prozeß trennen sich die Kohorten der Unterlegenen, der Besiegten, der Opfer voneinander. Der Versager mag sich mit seinem Los abfinden und resignieren, das Opfer Genugtuung fordern, der Besiegte sich auf die nächste Runde vorbereiten. Der radikale Verlierer aber sondert sich ab, wird unsichtbar, hütet sein Phantasma, sammelt seine Energie und wartet auf seine Stunde.

Vielleicht lohnt es sich, einen Seitenblick auf seinen Antipoden zu werfen, den radikalen Gewinner. Auch er ist ein Produkt der sogenannten Globalisierung, und obwohl es keine Symmetrie zwischen beiden Gruppen geben kann, teilen sie einige Charakteristika. Auch der ökonomische »*Master of the Universe*«, der an Macht und Reichtum alle seine Vorgänger übertrifft, ist gesellschaftlich vollkommen isoliert, wird in aller Regel von Phantasmen heimgesucht, leidet, schon allein aus Sicherheitsgründen, an Realitätsverlust, fühlt sich mißverstanden und bedroht.

Mit den Kategorien der Klassenanalyse ist den Widersprüchen, um die es hier geht, allerdings kaum beizukommen. Wer sich mit den objektiven, den materiellen Kriterien, den Indices der Ökonomen und den niederschmetternden Befunden der Empiriker begnügt, wird vom eigentlichen Drama des radikalen Verlierers nichts verstehen. Fast immer handelt es sich um einen Mann. Die Gründe dafür zu nennen mag trivial scheinen, aber überflüssig ist es nicht. Dem, der sich eine Überlegenheit zuschreibt, die in der Vergangenheit als selbstverständlich galt, und der sich nicht damit abgefunden hat, daß die Tage dieses Primats abgelaufen sind, wird es unendlich schwerfallen, mit seinem Machtverlust fertigzuwerden. (Es ist noch nicht lange her, daß es in deutschen Familien einen »Haushaltungsvorstand« gab.) Ein Mann, der sich als radikaler Verlierer fühlt, hat es aus all diesen Gründen mit einer imaginären Fallhöhe zu tun, die einer Frau eher fremd ist.

Allerdings genügt das, was die anderen von ihm halten, seien sie Konkurrenten oder Stammesbrüder, Experten oder Nachbarn, Mitschüler, Chefs, Feinde oder Freunde, vor allem aber seine Frau, dem Verlierer nicht, um ihn zu radikalisieren. Er selbst muß sein Teil dazu beitragen; er muß sich sagen: Ich bin ein Verlierer und sonst nichts. Solange er davon nicht überzeugt ist, mag es ihm schlechtgehen; er mag arm sein, machtlos; er mag die Misere und die Niederlage kennen; zum radikalen Verlierer aber hat er es erst gebracht, wenn er sich das Votum der anderen, die er für Gewinner hält, zu eigen gemacht hat. Erst dann »rastet er aus«.

II

Niemand interessiert sich freiwillig für den radikalen Verlierer. Das beruht auf Gegenseitigkeit. Der nämlich schlägt, solange er allein ist, und er ist sehr allein, nicht um sich; er wirkt unauffällig, stumm: ein Schläfer. Wenn er sich dennoch einmal bemerkbar macht und aktenkundig wird, löst er eine Irritation aus, die dem Erschrecken nahe kommt; denn seine bloße Existenz erinnert die anderen daran, wie wenig es bräuchte, und es erginge ihnen so wie ihm. Vielleicht würde man dem Verlierer sogar beistehen, wenn er nur endlich aufgäbe. Aber er denkt nicht daran, und es sieht nicht danach aus, daß er sich gerne helfen ließe.

Zahlreichen Berufen dient der Verlierer als Studienobjekt und Existenzgrundlage. Sozialpsychologen, Sozialarbeiter, Sozialpolitiker, Kriminologen, Therapeuten und andere, die sich nicht zu den Verlierern zählen, wären ohne ihn brotlos. Aber auch beim besten Willen bleibt der Klient in ihren Augen opak; ihre Empathie stößt auf gut gesicherte professionelle Grenzen. Immerhin wissen sie, daß der radikale Verlierer schwer zugänglich und letzten Endes unberechenbar ist. Unter den Hunderten, die in ihren Amtsstuben und Praxen vorsprechen, den einen zu identifizieren, der zur letzten Konsequenz bereit ist – damit sind sie überfordert. Vielleicht spüren sie, daß es sich nicht um einen bloßen Sozialfall handelt, der sich auf dem Verwaltungswege reparieren ließe. Denn der Verlierer denkt sich sein Teil. Das ist das Schlimme. Er schweigt und wartet. Man sieht es ihm nicht an. Gerade deshalb wird er gefürchtet. Diese Angst ist historisch sehr alt, doch heute ist sie begründeter denn je. Jeder, der über einen Zipfel sozialer Macht verfügt, ahnt bisweilen etwas von der enormen destruktiven Energie, die im radikalen Verlierer steckt und die durch keine Maßnahme, mag sie noch so gut, vielleicht sogar ernstgemeint sein, stillgelegt werden kann.

Jeden Moment kann er explodieren. Darin besteht die einzige Lösung seines Problems, die er sich vorstellen kann: die Steigerung des Übels, unter dem er leidet. Jede Woche steht er in der Zeitung, der Familienvater, der zuerst seine Frau, dann die zwei kleinen Kinder und am Ende sich selber umbringt. Unbegreiflich! Im Lokalteil steht: Eine Familientragödie. Oder ein anderer verbarrikadiert sich plötzlich in seiner Wohnung; den Vermieter, der Geld sehen wollte, hat er als Geisel genommen. Wenn die Polizei endlich da ist, schießt er um sich. Amok, heißt es dann – ein Fremdwort aus dem Malaiischen. Er tötet noch einen Beamten, bevor er selbst im Kugelhagel zusammenbricht. Der Anlaß, der die Explosion auslöst, ist meistens völlig nebensächlich. Denn der Gewalttäter ist, was seine eigenen Regungen angeht, extrem dünnhäutig. Um ihn zu kränken, genügt ein Blick oder ein Witz. Zwar kann er auf die Gefühle anderer keine Rücksicht nehmen, aber die seinigen sind ihm heilig. Ein Nörgeln der Ehefrau vielleicht, die zu laute Musik nebenan, ein Wirtshausstreit, oder die Bank hat den Kredit gekündigt. Die abfällige Bemerkung eines Vorgesetzten genügt, und der Mann steigt auf einen Turm und zielt auf alles, was sich vor dem Supermarkt bewegt, nicht obwohl, sondern weil das

Massaker sein eigenes Ende beschleunigen wird. Woher er nur die Maschinenpistole hat? Endlich einmal ist der radikale Verlierer, vielleicht ist er ein sechzigjähriger Familienvater, oder er ist erst fünfzehn und leidet an seinen Pickeln, Herr über Leben und Tod. Dann, so formuliert es der Nachrichtensprecher, »richtet er sich selbst«, und die Ermittler gehen an die Arbeit. Sie stellen ein paar Videos sicher, ein paar wirre Tagebuch-Aufzeichnungen. Die Eltern, Nachbarn, Lehrer haben nichts bemerkt. Gewiß, ein paar schlechte Zeugnisnoten, eine gewisse Zurückgezogenheit; der Junge hat nicht viel geredet. Aber das ist doch kein Grund, ein Dutzend seiner Mitschüler zu erschießen. Die Gutachter geben ihre Einschätzungen ab. Die Kulturkritik kramt ihre Argumente hervor. Das Wort Wertediskussion darf nicht fehlen. Die Ursachenforschung verläuft im Sand. Politiker äußern ihre Betroffenheit. Man kommt zu der Überzeugung, daß es sich um einen Einzelfall handelt.

Das ist richtig; denn es handelt sich bei all diesen Tätern um isolierte Personen, die keinen Zugang zu einem Kollektiv gefunden haben. Es ist falsch; denn offenbar gibt es immer mehr solcher Einzelfälle. Daß sie sich häufen, läßt den Schluß zu, daß es immer mehr radikale Verlierer gibt. Das liegt an den sogenannten Verhältnissen. Damit kann der Weltmarkt ebenso gemeint sein wie eine Prüfungsordnung oder eine Versicherung, die nicht zahlen will.

III

Aber vielleicht sollte, wer den radikalen Verlierer verstehen will, etwas weiter ausholen. Der Fortschritt hat das menschliche Elend nicht beseitigt, doch er hat es stark verändert. In den letzten zweihundert Jahren haben sich die erfolgreicheren Gesellschaften neue Rechte, neue Erwartungen und neue Ansprüche erstritten; sie haben mit der Vorstellung eines unabwendbaren Schicksals aufgeräumt; sie haben Begriffe wie Menschenwürde und Menschenrechte auf die Tagesordnung gesetzt; sie haben den Kampf um Anerkennung demokratisiert und Gleichheitserwartungen geweckt, die sie nicht erfüllen können; und zugleich haben sie dafür gesorgt, daß die Ungleichheit allen Bewohnern des Planeten 24 Stunden täglich auf allen Fernsehkanälen demonstriert wird. Deshalb hat die Enttäuschbarkeit der Menschen mit jedem Fortschritt zugenommen.

»Wo Kulturfortschritte wirklich erfolgreich sind und Übel wirklich ausschalten, wecken sie selten Begeisterung«, bemerkt der Philosoph. »Sie werden vielmehr selbstverständlich, und die Aufmerksamkeit konzentriert sich dann auf jene Übel, die übrigbleiben. Dabei wirkt das Gesetz der zunehmenden Penetranz der Reste. Je mehr Negatives aus der Wirklichkeit verschwindet, desto ärgerlicher wird – gerade weil es sich vermindert – das Negative, das übrigbleibt.«[1]

Odo Marquard untertreibt; denn hier geht es nicht

um Ärger, sondern um mörderische Wut. Was den Verlierer obsessiv beschäftigt, ist ein Vergleich, der in jedem Augenblick zu seinen Ungunsten ausfällt. Da der Wunsch nach Anerkennung prinzipiell keine Grenzen kennt, sinkt unvermeidlich die Schmerzgrenze, und die Zumutungen werden immer unerträglicher. Die Reizbarkeit des Verlierers nimmt mit jeder Verbesserung zu, die er bei anderen bemerkt. Den Maßstab liefern niemals jene, denen es schlechter geht als ihm. Nicht sie sind es in seinen Augen, die fortwährend gekränkt, gedemütigt und erniedrigt werden, sondern immer nur er, der radikale Verlierer.

Die Frage, warum das so ist, trägt zu seinen Qualen bei. Denn es kann keinesfalls an ihm selber liegen. Das ist undenkbar. Deshalb muß er Schuldige finden, die für sein Los verantwortlich sind.

IV

Aber wer sind diese übermächtigen, namenlosen Angreifer? Mit der Antwort auf diese bohrende Frage ist der ganz auf sich gestellte Vereinzelte überfordert. Wenn ihm kein ideologisches Programm zu Hilfe kommt, findet die Projektion kein gesellschaftliches Ziel; sie sucht und findet es in der näheren Umgebung: den ungerechten Vorgesetzten, die widerspenstige Ehefrau, die lärmenden Kinder, den bösen Nachbarn, den intriganten Kollegen, die sture Behörde, den Arzt, der ihm das Attest verweigert, den Lehrer, der schlechte Noten gibt.

Aber womöglich handelt es sich auch um die Machenschaften eines unsichtbaren, anonymen Feindes? Dann bräuchte der Verlierer sich nicht auf seine eigene Erfahrung zu verlassen; er könnte zurückgreifen auf das, was er irgendwo gehört hat. Den wenigsten ist es gegeben, ein für ihre Zwecke brauchbares Phantasma zu erfinden. Deshalb hält sich der Verlierer meist an das Material, das in der Gesellschaft frei flottiert. Die bedrohlichen Mächte, die es auf ihn abgesehen haben, sind nicht schwer zu orten. Gewöhnlich handelt es sich um Ausländer, Geheimdienste, Kommunisten, Amerikaner, Großkonzerne, Politiker, Ungläubige. Fast immer sind es auch die Juden.

Eine derartige Projektion kann dem Verlierer für eine Weile Erleichterung verschaffen, aber wirklich beruhigen kann sie ihn nicht. Denn auf die Dauer fällt es schwer, sich einer feindseligen Welt gegenüber zu behaupten, und nie läßt sich der Verdacht ganz und gar ausräumen, daß es eine einfachere Erklärung geben könnte; nämlich die, daß es an ihm liegt, daß der Gedemütigte selber schuld ist an seiner Demütigung, daß er den Respekt, den er einfordert, gar nicht verdient und daß sein eigenes Leben nichts wert ist. Psychologen nennen diese Heimsuchung die Identifikation mit dem Aggressor. Doch wer kann mit solchen Fremdwörtern etwas anfangen? Dem Verlierer sagen sie nichts. Wenn aber sein Leben keinen Wert mehr hat, wie sollte ihn das Leben anderer kümmern?

»Es liegt an mir.« – »Die anderen sind schuld.« Diese beiden Momente schließen sich nicht aus. Im Gegenteil, sie steigern einander nach dem Modell des *circulus vitiosus*. Aus diesem Teufelskreis kann der radikale Verlierer sich durch keine Reflexion befreien; aus ihm zieht er seine unvorstellbare Kraft.

Der einzige Ausweg aus dem Dilemma ist die Fusion von Zerstörung und Selbstzerstörung, Aggression und Autoaggression. Einerseits erlebt der Verlierer im Moment seiner Explosion eine einmalige Machtfülle. Seine Tat ermöglicht es ihm, über andere zu triumphieren, indem er sie vernichtet. Andererseits trägt er der Kehrseite dieses Machtgefühls, dem Verdacht, daß sein Dasein wertlos sein könnte, dadurch Rechnung, daß er ihm ein Ende macht.

Ein zusätzlicher Bonus ist die Tatsache, daß die Außenwelt, die nie zuvor etwas von ihm wissen wollte, von dem Augenblick an, in dem er zur Waffe greift, von ihm Notiz nimmt. Die Medien sorgen dafür, daß ihm – und sei es nur für 24 Stunden – eine unerhörte Publizität zuteil wird. Das Fernsehen macht sich zum Propagandisten seiner Tat und ermuntert dadurch potentielle Nachahmer. Wie sich besonders in den Vereinigten Staaten von Amerika gezeigt hat, stellt das für Minderjährige eine Versuchung dar, der schwer zu widerstehen ist.

V

Dem *common sense* ist die Logik des radikalen Verlierers unbegreiflich. Er beruft sich auf den Selbsterhaltungstrieb, als wäre der eine selbstverständliche, unhinterfragbare Naturtatsache. Dabei handelt es sich aber um eine fragile, historisch sehr wandelbare Vorstellung. Zwar ist von Selbsterhaltung schon bei den Griechen die Rede. Jedes Tier und jeder Mensch seien darauf angelegt, kaum geboren, alles zu unternehmen, was möglich ist, um sich selbst zu erhalten: das lehrten bereits die Stoiker. Auch bei Spinoza spielt das Konzept eine zentrale Rolle. Er spricht von *conatus* und versteht darunter eine Kraft, die ausnahmslos allen Lebewesen innewohnt. Doch bei Kant liest man es anders: ihm zufolge gilt vielmehr (oder viel weniger), daß es sich nicht um einen reinen Naturtrieb handelt, sondern um ein ethisches Postulat. »Die … erste Pflicht des Menschen gegen sich selbst, in der Qualität seiner Thierheit, ist die Selbsterhaltung in seiner animalischen Natur.«[2] Und Lichtenberg schließt daraus: »Was der Mensch elend ist, wenn er alles selbst tun soll, es heißt ein Wunder von ihm fordern, wenn man seine Selbst-Erhaltung von ihm fordert.«[3] – »Und allezeit habe ich bei mir befunden, daß ein Mensch, bei dem der Trieb zur Selbst-Erhaltung so geschwächt worden ist, daß er so leicht überwältigt werden kann, sich ohne Schuld ermorden könnte.«[4] Erst im neunzehnten Jahrhundert wurde aus der Pflicht eine unbezweifelbare naturwissenschaftliche Tatsache. Die wenigsten sahen das anders: »Die Physiologen sollten sich hüten, den Selbsterhaltungstrieb als kardinalen Trieb eines organischen Wesens anzusetzen.«[5] Doch der Einspruch Nietzsches ist bei denen, die lieber überleben wollen, immer auf taube Ohren gestoßen.

Jenseits der Begriffsgeschichte scheint die Menschheit nie damit gerechnet zu haben, daß das eigene Leben als der Güter höchstes zu gelten hätte. Alle frühen Religionen wußten das Menschenopfer zu schätzen; später standen die Märtyrer hoch im Kurs. (Blaise Pascals fataler Maxime zufolge soll man »nur Zeugen glauben, die sich töten lassen«.) In den meisten Kulturen erwarben sich Heroen durch ihre Todesverachtung Ruhm und Ehre. Bis zu den Materialschlachten des Ersten Weltkriegs mußten Gymnasiasten den berüchtigten Vers des Horaz auswendig lernen, dem zufolge es süß und ehrenvoll war, für das Vaterland zu sterben. Andere behaupteten, Schiffahrt zu treiben sei notwendig, zu leben nicht, und noch im Kalten Krieg gab es Leute, die riefen: »Lieber tot als rot.« Und was ist, unter ganz zivilen Bedingungen, von Hochseilartisten, Extremsportlern, Rennfahrern, Polarforschern und anderen Selbstmord-Kandidaten zu halten?

Offenbar ist es nicht so weit her mit dem Selbsterhaltungstrieb. Dafür spricht allein schon die bemerkenswerte, kultur- und epochenübergreifende Vorliebe der Spezies für den Selbstmord. Kein Tabu und keine Strafandrohung haben die Menschen davon abhalten können, sich das Leben zu nehmen. Ein quantitatives Maß für diese Neigung gibt es nicht; jeder Versuch, sie statistisch zu erfassen, scheitert an der enormen Dunkelziffer.

Sigmund Freud hat versucht, dem Problem theoretisch beizukommen, indem er, auf schwankender empirischer Basis, das Konzept des Todestriebs entwickelte. Deutlicher drückt sich Freuds Hypothese in der altvertrauten Erkenntnis aus, daß es Situationen geben kann, in denen der Mensch ein Ende mit Schrecken einem – realen oder imaginierten – Schrecken ohne Ende vorzieht.

VI

Was aber geschieht, wenn der radikale Verlierer seine Isolation überwindet, wenn er sich vergesellschaftet, eine Verlierer-Heimat findet, von der er sich nicht nur Verständnis, sondern Anerkennung erwartet, ein Kollektiv von seinesgleichen, das ihn willkommen heißt, das ihn braucht?

Dann potenziert sich die destruktive Energie, die in ihm steckt, zu letzter Skrupellosigkeit; es bildet sich ein Amalgam von Todeswunsch und Größenwahn, und aus seiner Ohnmacht erlöst ihn ein katastrophales Allmachtsgefühl.

Dazu wird allerdings eine Art ideologischer Zünder benötigt, der den radikalen Verlierer zur Explosion bringt. Wie die Geschichte zeigt, hat es an solchen Angeboten nie gefehlt. Auf den Inhalt kommt es dabei zuallerletzt an. Gleichgültig, ob es sich um religiöse oder politische Doktrinen handelt, um nationalistische, kommunistische, rassistische Dogmen – jede noch so bornierte Art von Sektierertum ist in der Lage, die latente Energie des radikalen Verlierers zu mobilisieren.

Das gilt nicht nur für das Fußvolk, sondern auch für den jeweiligen Drahtzieher, dessen Anziehungskraft darauf beruht, daß er sich selbst als obsessiver Verlierer definiert. Es sind gerade seine wahnhaften Züge, in denen sich seine Anhänger wiedererkennen. Zu Recht unterstellt man ihm ein zynisches Kalkül; denn selbstverständlich verachtet er seine Gefolgschaft, da er sie nur allzugut versteht: er weiß, daß es sich um Verlierer handelt, die er infolgedessen letztlich für wertlos hält. Deshalb genießt er, wie Elias Canetti schon vor einem halben Jahrhundert wußte, die Vorstellung, daß vor ihm möglichst alle anderen, einschließlich seiner Anhänger, zu Tode gebracht werden, bevor er selber gehängt wird oder in seinem Bunker verbrennt.

An diesem Punkt drängt sich, neben vielen anderen Beispielen aus der Geschichte, die Erinnerung an das nationalsozialistische Projekt in Deutschland auf. Am Ende der Weimarer Republik sahen sich weite Teile der Bevölkerung als Verlierer. Die objektiven Daten sprechen eine deutliche Sprache; doch hätten Wirtschaftskrise und Arbeitslosigkeit vermutlich nicht genügt, um Hitler an die Macht zu bringen. Dazu bedurfte es einer Propaganda, die auf den subjektiven Faktor zielte: die narzißtische Kränkung durch die Niederlage von 1918 und durch den Vertrag von Versailles. Die Schuld suchten die meisten Deutschen bei den anderen. Die Sieger von damals, die »kapitalistisch-bolschewistische Weltverschwörung« und vor allem natürlich der ewige Sündenbock, das Judentum, mußten als Ziele der Projektion herhalten. Das quälende Gefühl, als Verlierer dazustehen, konnte nur kompensiert werden durch die Flucht nach vorn, in den Größenwahn. Von Anfang an spukte in den Köpfen der Nationalsozialisten das Phantasma der Weltherrschaft. Insofern waren ihre Ziele grenzenlos und nicht verhandelbar; sie waren in diesem Sinn nicht nur irreal, sondern unpolitisch. Kein Blick auf die Weltkarte konnte Hitler und seine Anhänger davon überzeugen, daß der Kampf eines kleinen mitteleuropäischen Landes gegen den Rest der Welt chancenlos war. Im Gegenteil. Der radikale Verlierer kennt keine Konfliktlösung, keinen Kompromiß, der ihn in ein normales Interessengeflecht verwickeln und seine destruktive Energie entschärfen könnte. Je aussichtsloser sein Projekt, desto fanatischer hält er an ihm fest. Die Vermutung liegt nahe, daß es Hitler und seiner Gefolgschaft nicht darum ging, zu siegen, sondern den eigenen Verliererstatus zu radikalisieren und zu verewigen. Zwar entlud sich die angestaute Wut in einem beispiellosen Vernichtungskrieg gegen alle anderen, die sie für ihre eigenen Niederlagen haftbar machten – zuerst galt es, die Juden und die Gegner von 1919 zu vernichten –, aber es lag ihnen völlig fern, die Deutschen zu verschonen. Ihr eigentliches Ziel war nicht der Sieg, sondern die Ausrottung, der Untergang, der kollektive Selbstmord, das Ende mit Schrecken. Eine andere Erklärung dafür, daß die Deutschen im Zweiten Weltkrieg bis zum letzten Berliner Trümmerhaufen gekämpft haben, gibt es nicht. Hitler selbst hat diese Diagnose bestätigt, indem er sagte, das deutsche Volk habe nicht verdient zu überleben. Unter ungeheuren Opfern hat er erreicht, was er wollte: er hat verloren. Die Juden, die Polen, die Russen, die Deutschen und alle anderen aber gibt es immer noch.

VII

Doch auch der radikale Verlierer ist nicht verschwunden. Er ist nach wie vor unter uns. Das ist unvermeidlich. Auf allen Kontinenten stehen Führungskräfte bereit, die ihn willkommen heißen, nur daß es sich heute in den seltensten Fällen um staatliche Akteure handelt. Auch auf diesem Gebiet ist die Privatisierung weit fortgeschritten. Obwohl es immer noch die Regierungen sind, die über das höchste Ausrottungspotential verfügen, ist die herkömmliche Staatskriminalität auf allen Kontinenten in die Defensive geraten.

Im Weltmaßstab sind bisher die wenigsten Verlierer-Kollektive tätig, auch wenn sie auf internationale Geldströme und Waffenlieferanten zählen können. Dafür wimmelt es von Haufen, die den Krieg privatisieren und deren Chefs als Warlords oder Guerrillaführer bezeichnet werden. Ihre selbsternannten Milizen und paramilitärischen Banden schmücken sich gern mit dem Titel einer Befreiungsorganisation oder mit anderen revolutionären Attributen. Es gibt Medien, die sie als Rebellen bezeichnen, ein Euphemismus, der ihnen schmeicheln dürfte. »Leuchtender Pfad«, MLC, RCD, SPLA, ELA, LTTE, LRA, FNL, IRA, LIT, KACH, DHKP, FSLN, UVF, JKLF, ELN, AUC, FARC, PLF, GSPC, MILF, NPA, PKK, MODEL, JI, NPA, AUC, CPNML, UDA, GIA, RUF, LVF, SNM, ETA, NLA, PLPF, SPM, LET, ONLF, SSDF, PLJ, JEM, SLA, ANO, SPLMA, RAF, AUM, PGA, ADF, IBDA, ULFA, PLFM, ULFBV, ISYF, LURD, KLO, UPDS, NLFT, ATTF … – »links« oder »rechts«, Jacke wie Hose. Die meisten dieser bewaffneten Haufen bestreiten ihren Unterhalt durch Raub, Erpressung und Drogenhandel. Sie bezeichnen sich als Armeen, brüsten sich mit Brigaden und Kommandos, suchen sich mit bürokratischen Kommuniqués und großspurigen Bekennerschreiben wichtig zu machen und gerieren sich als Stellvertreter irgendwelcher Massen. Da sie als radikale Verlierer von der Wertlosigkeit ihres eigenen Lebens überzeugt sind, ist ihnen auch das aller anderen gleichgültig; jede Rücksicht auf das Überleben ist ihnen fremd. Dabei spielt es keine Rolle, ob es sich um ihre Gegner, ihre Anhänger oder um Unbeteiligte handelt. Sie entführen und töten mit Vorliebe Leute, die versuchen, das Elend der Region, die sie terrorisieren, zu lindern, erschießen Helfer und Ärzte und brennen die letzte Klinik nieder, die dort, wo sie hausen, noch über ein Bett und ein Skalpell verfügt; denn es fällt ihnen schwer, zwischen Verstümmelung und Selbstverstümmelung zu unterscheiden.

Keine dieser Meuten hat jedoch mit der Globalisierung Schritt halten können. Das liegt, sofern es sich um die ideologische Ausbeutung nationaler oder ethnischer Konflikte handelt, in der Natur der Sache. Doch seit dem Zusammenbruch der Sowjetunion haben auch Gruppierungen, die sich auf die Tradition des Internationalismus berufen, die propagandistische und logistische Unterstützung durch eine Supermacht eingebüßt. Sie haben unter dem Druck des weltweit operierenden Kapitals ihre Welteroberungsphantasien aufgegeben und nehmen bloß noch für sich in Anspruch, die Interessen ihrer lokalen Klientel zu verteidigen.

VIII

Seitdem existiert nur noch eine einzige gewaltbereite Bewegung, die in der Lage ist, global vorzugehen. Das ist der Islamismus. Er unternimmt den großangelegten Versuch, die religiöse Energie einer Weltreligion abzuschöpfen, die mit etwa 1,3 Milliarden Gläubigen nicht nur nach wie vor höchst lebendig ist, sondern auch, schon aus demographischen Gründen, auf allen Kontinenten expandiert. Obwohl diese *ummah* in sich vielfach gespalten und durch nationale und soziale Konflikte zerrüttet ist, stellt die Ideologie des Islamismus insofern ein ideales Mittel zur Mobilisierung radikaler Verlierer dar, als es ihr gelingt, religiöse, politische und soziale Beweggründe zu amalgamieren.

Erfolgversprechend ist auch das Organisationsmodell dieser Bewegung. Sie hat vom strikten Zentralismus früherer Banden Abschied genommen und das allwissende und allmächtige Zentralkomitee durch ein flexibles Netzwerk ersetzt: eine höchst originelle Innovation, die ganz auf der Höhe der Zeit ist.

Ansonsten bedient sie sich jedoch gerne aus dem Arsenal ihrer Vorgänger. Oft wird übersehen, daß der moderne Terrorismus eine europäische Erfindung aus dem neunzehnten Jahrhundert ist. Seine wichtigsten Ahnen stammen aus dem zaristischen Rußland, doch auch in Westeuropa kann er auf eine lange Tradition zurückblicken. Inspirierend hat in neuerer Zeit besonders der linksradikale Terror aus den sechziger und siebziger Jahren gewirkt. Die Islamisten haben ihm zahlreiche Symbole und Techniken zu verdanken. Der Stil ihrer Verlautbarungen, der Gebrauch von Videoaufzeichnungen, die emblematische Bedeutung der Kalaschnikow, sogar Mimik, Körpersprache und Kostüm, das alles zeigt, wieviel sie von diesen westlichen Vorbildern gelernt haben. Im übrigen stammen alle technischen Mittel des Terrors, vom Sprengstoff bis zum Satellitentelephon, vom Flugzeug bis zur Fernsehkamera, aus dem Westen.

Ähnlich wie ihre europäischen Vorläufer sind auch die islamistischen Krieger auf wenige kanonische Autoritäten fixiert. Der Koran tritt an die Stelle von Marx, Lenin und Mao, und statt auf Gramsci beruft man sich auf Sayed Qutb.[6] Als revolutionäres Subjekt dient nicht mehr das Weltproletariat, sondern die *ummah*, als Avantgarde und selbsternannter Stellvertreter der Massen nicht die Partei, sondern das weitverzweigte konspirative Netzwerk der islamistischen Krieger. Die Bewegung kann zwar an ältere rhetorische Formen anknüpfen, die Außenstehenden als hochtrabend oder großmäulig erscheinen mögen; viele ihrer fixen Ideen verdankt sie jedoch dem kommunistischen Feind: die Geschichte folgt eisernen Gesetzen, der Sieg ist unvermeidlich, überall gilt es, Abweichler und Verräter zu entlarven, die in gut leninistischer Tradition mit rituellen Beschimpfungen überhäuft werden.

Auch die Liste der bevorzugten Gegner bietet keine Überraschungen: Amerika, der dekadente Westen, das internationale Kapital, der Zionismus. Sie wird ergänzt durch die Ungläubigen, d. h. durch die restlichen 5,2 Milliarden Menschen. Hinzu kommen die abtrünnigen Muslime, die wahlweise unter Schiiten, Ibaditen, Aleviten, Jesiden, Zaiditen, Ahmadija, Hanafiten, Drusen, Sufis, Charidschiten, Ismailiten und anderen Glaubensrichtungen zu finden sind.

So sehr sich die Islamisten als Hüter der Tradition aufspielen, so sehr sind sie doch ganz und gar Geschöpfe der globalisierten Welt, die sie bekämpfen. Nicht nur in ihrer Technik, sondern auch in ihrem Medienverständnis sind sie ihren Vorgängern aus früheren Zeiten weit voraus. Zwar haben sich schon im neunzehnten Jahrhundert die Jünger des Terrors auf die »Propaganda durch die Tat« verlassen, doch war ihnen die weltweite Aufmerksamkeit, die eine nebulöse Gruppierung wie Al Qaida heute erzielt, nicht vergönnt. Geschult durch Fernsehen, Computertechnik, Internet und Reklame, erreicht der islamistische Terror höhere Einschaltquoten als jede Fußball-Weltmeisterschaft. Die Massaker, auf die es ihm ankommt, inszeniert er als gelehriger Schüler Hollywoods, nach dem Vorbild des Katastrophenfilms, des Splatter-Movies und des Science-Fiction-Thrillers. Auch darin zeigt sich seine Abhängigkeit vom verhaßten Westen. Die Société du spectacle, wie sie einst die Situationisten beschrieben haben, kommt in seinen medialen Produktionen zu sich selbst.[7]

IX

Der aus Indien stammende muslimische Dichter Hussain Hâlî hat schon 1879 in seinem berühmten Versepos *Ebbe und Flut des Islam* die Krise der arabischen Zivilisation beklagt:

»Die Historiker, die heute Forschung treiben
und deren wissenschaftliche Methoden großartig sind,
die die Archive der Welt ausloten
und die Oberfläche der Erde ergründen –
die Araber haben ihr Herz angefeuert,
von den Arabern haben sie die rasche Gangart gelernt.

Kurz, welche Kunst auch immer mit Religion und
Staat zu tun hat,
Naturwissenschaft, Theologie, Mathematik, Philosophie,
Medizin und Chemie, Geometrie und Astronomie,
Politik, Handel, Architektur, Landwirtschaft,
wo immer ihr ihnen nachforscht,
werdet ihr auf ihre Spuren treffen.

Zwar ist zertrampelt der Garten der Araber,
aber eine Welt besingt noch die Araber,
alles hat zum Grünen gebracht der Regen der Araber,

auf allen Menschen ruht der Segen der Araber.
Jene Völker, die heute die Krone von allem sind,
werden den Arabern immer verpflichtet bleiben. [...]

Kein Ansehen bei den Völkern, kein Gewicht in den Sitzungen,
kein Vertrauen untereinander, kein Zusammenhalt gegenüber Fremden,
Schlaffheit in den Temperamenten, Dünkel in den Hirnen,
Niedrigkeit in der Phantasie, Abscheu vor den Tugenden,

Feindschaft verhüllt, Freundschaft zur Schau getragen,
berechnende Demut, berechnende Schmeichelei.

Wir sind weder vertrauenswürdige Regierungsbeamte
noch stolz gegenüber Hofleuten,
weder verdienen wir Achtung in den Wissenschaften,
noch sind wir in Handwerk und Industrie ausgezeichnet.«[8]

Seit den Tagen dieses Dichters hat sich die Lage der arabischen Gesellschaften keineswegs verbessert. Das zeigt eine der umfassendsten Bestandsaufnahmen, die zu diesem Thema jemals unternommen wurden: der oft zitierte, aber selten beherzigte *Arab Human Development Report*, der zwischen 2002 und 2004 im Auftrag der Vereinten Nationen erstellt worden ist.[9] Es ist bemerkenswert, daß es arabische Autoren waren, die diesen Text verfaßt haben, an ihrer Spitze der ägyptische Soziologe Vader Fergany. Es handelt sich also nicht um eine westliche Außensicht, sondern um ein couragiertes Werk der Selbstkritik, auch wenn die religiöse Dimension des Problems mit großer Vorsicht behandelt wird, was angesichts des herrschenden Meinungsklimas in der islamischen Welt nur allzu verständlich ist. Untersucht wurden die 22 Mitgliedstaaten der Arabischen Liga mit 280 Millionen Einwohnern. Natürlich kann der umfangreiche Bericht hier nicht im einzelnen referiert werden. In seinem Zentrum steht der *Human Development Index*, der Parameter wie die Lebenserwartung, die Schulbildung, das Pro-Kopf-Einkommen und den Alphabetisierungsgrad berücksichtigt. Auf vier Fragen wird dabei besonders eingegangen. Wie steht es mit der politischen Freiheit, mit dem wirtschaftlichen Gedeihen, mit Bildung und Wissen und mit der Situation der Frauen? Auf all diesen Gebieten konstatiert er schwerwiegende Defizite, ein Befund, der mit einer Fülle von statistischen Daten untermauert wird. Was die politische Freiheit angeht, so rangieren die arabischen Staaten an letzter Stelle aller Weltregionen, sogar noch unterhalb von Schwarzafrika. Das trifft auch für die Wirtschaft zu. Selbst unter Berücksichtigung der enormen Öleinnahmen erzielten die arabischen Länder nur das zweitschlechteste Resultat; nur in Afrika sieht es noch trüber aus. Für Forschung und Entwicklung geben die arabischen Staaten gerade 0,2 % ihres Bruttosozialproduktes aus, das ist ein Siebentel des Weltdurchschnitts. Eigentümlich ist auch der Rückstand beim Wissenstransfer. Der Anteil der Bücher, die in der arabischen Welt gedruckt werden, liegt bei 0,8 % der Weltproduktion. Die Zahl der Übersetzungen aus anderen Sprachen, die dort seit der Zeit des Kalifen Al Mamun (813-833), also im Lauf von zwölfhundert Jahren, publiziert worden sind, entspricht der Produktion, die das heutige Spanien in einem einzigen Jahr leistet. Ähnliche Blockaden stellt der Bericht in bezug auf die Position der Frauen in der Gesellschaft fest. Auch hier ist der Abstand zu anderen Weltregionen erheblich; nur Schwarzafrika weist marginal schlechtere Indikatoren auf als die Staaten der Arabischen Liga; so kann beispielsweise jede zweite arabische Frau weder lesen noch schreiben.

X

Soweit der *status quo*. Eine Untersuchung, die sich darauf beschränkt, gestützt auf nüchterne Fakten eine Momentaufnahme zu liefern, wirft natürlich mehr Fragen auf, als sie beantworten kann.

Die quälendste dieser Fragen lautet: Wie ist es zum Niedergang jener Zivilisation gekommen, aus der die Weltreligion des Islam hervorgegangen ist? Ihre höchste Blüte hat sie bekanntlich zur Zeit des Kalifats erreicht. Damals war sie Europa militärisch, ökonomisch und kulturell weit überlegen. Diese Epoche, die achthundert Jahre zurückliegt, spielt im kollektiven Gedächtnis der arabischen Welt heute noch eine zentrale Rolle. Oft wird sie bis zur Idylle verklärt und zur rückwärtsgewandten Utopie erhoben.

Seitdem sind die Macht, das Prestige, das kulturelle und ökonomische Gewicht der Araber kontinuierlich gesunken. Ein so beispielloser Absturz stellt ein Rätsel dar und löst bis heute einen empfindlichen Phantomschmerz aus.

Es ist nicht ganz leicht, sich in die Lage eines Kollektivs zu versetzen, das einen derartigen, sich über Jahrhunderte hinziehenden Niedergang erlebt hat. Kein Wunder, daß dafür am liebsten eine feindselige Außenwelt verantwortlich gemacht wird. Schuld ist nach dieser Lesart einzig und allein eine lange Reihe von Aggressoren: Seldschuken, Kreuzfahrer, Mongolen, Spanier, Mamelucken, Osmanen, Franzosen, Briten und Russen. Heute wird die Misere der arabischen Welt vor allem dem »großen Satan«, nämlich dem amerikanischen Imperium und den Juden, zur Last gelegt. Nicht ganz klar ist, warum andere Gesellschaften wie die indische, die chinesische oder die koreanische, die nicht weniger unter der Herrschaft von Invasoren und unter den Übergriffen und Beutezügen fremder Mächte gelitten haben, das Los der arabischen Welt nicht teilen. Wie kommt es, daß sie sich den Herausforderungen der Moderne erfolgreich stellen konnten und zu wichtigen

Akteuren im planetarischen Maßstab aufgestiegen sind?

Unabweisbar stellt sich somit die Frage nach den endogenen Ursachen des arabischen Niedergangs. Solange sie nicht beantwortet ist, bleibt der enorme politische, wissenschaftliche, technische und ökonomische Rückstand der arabischen Welt unerklärt und unerklärlich.

An Versuchen, seine historischen Ursachen aufzudecken, hat es nicht gefehlt. Eine der jüngsten Arbeiten zu diesem Thema ist Dan Diners umsichtige und nüchterne Untersuchung *Versiegelte Zeit. Über den Stillstand in der islamischen Welt.*[10] Sie setzt beim schwindenden Wissenskapital der arabischen Gesellschaften an. Am Beispiel des Buchdrucks erörtert Diner das Fehlen einer selbstorganisierten Öffentlichkeit. Seit dem 15. Jahrhundert haben islamische Rechtsgelehrte die Einführung der Druckpresse sabotiert. Dabei beriefen sie sich auf ein Gründungsdogma, dem zufolge es neben dem Koran kein anderes Buch geben dürfe. Erst mit dreihundertjähriger Verspätung konnte die erste Druckerei gegründet werden, die in der Lage war, Bücher in arabischer Schrift zu produzieren. Die Folgen für Wissenschaft und Technik der Region sind bis heute spürbar. In den letzten vierhundert Jahren haben die Araber keine nennenswerte Erfindung hervorgebracht. Rudolph Chimelli zitiert einen irakischen Autor mit dem Satz: »Hätte ein Araber im 18. Jahrhundert die Dampfmaschine erfunden, sie wäre nie gebaut worden.« Kein

Historiker wird ihm widersprechen, und die Patentstatistik der Gegenwart läßt den Schluß zu, daß sich daran bis heute wenig geändert hat.

Ihre Wissensdefizite hatten handgreifliche Folgen für die arabische Zivilisation. Schon im sechzehnten Jahrhundert stachen die Europäer dank ihrer technischen Überlegenheit die arabischen Flotten aus, mit gravierenden Folgen für die Herrschaft zur See und für den Fernhandel. Auch die Infrastruktur der arabischen Länder verharrte bis ins neunzehnte Jahrhundert auf dem Niveau des Mittelalters: Um 1800 gab es im arabischen Orient kaum Straßen oder Radfahrzeuge. Fernstraßen, Dampfschiffe, Eisenbahnen, Wasser-, Strom- und Gasversorgung, Häfen, Brücken, Fernmeldeeinrichtungen und öffentliche Verkehrsmittel wurden erst von europäischen Firmen – mit miserabel entlohnter einheimischer Arbeitskraft – gebaut und eingerichtet.[11]

Selbst die parasitären Ölstaaten, die von ihrer Grundrente zehren, müssen ihre Technik aus dem Ausland beziehen; ohne westliche Geologen, Bohr- und Verfahrenstechniker, Tankerflotten und Raffinerien wären sie nicht einmal in der Lage, ihre eigenen Ressourcen auszubeuten. Insofern ist selbst ihr Reichtum ein Fluch, der sie ständig an ihre Abhängigkeit erinnert. Ohne die Einnahmen aus dem Rohöl fällt die ökonomische Leistung der gesamten arabischen Welt heute weniger ins Gewicht als die eines einzigen finnischen Telephonkonzerns.

Ebenso unproduktiv hat sich die arabische Welt gezeigt, was ihre politischen Institutionen betrifft. Korruption, Klientelwesen und gewaltsam ausgetragene Fehden sind in vielen Ländern endemisch. Die importierten Formen des Nationalismus und des Sozialismus sind überall gescheitert, und demokratische Regungen werden gewöhnlich schon im Keim erstickt. Die Methoden der Unterdrückung, die in den arabischen Staaten üblich sind, können zwar auf die Traditionen der orientalischen Despotie zurückgreifen, doch auch in dieser Beziehung haben sich die Ungläubigen als unentbehrliche Lehrmeister erwiesen. Sie haben von der Maschinenpistole bis zum Giftgas sämtliche Waffen erfunden und exportiert, die in der arabisch-islamischen Welt zur Anwendung kamen. Auch die Methoden der GPU und der Gestapo haben die Machthaber studiert und übernommen.

XI

Selbstverständlich können solche pauschalen Feststellungen nur auf die Verfassung des Ganzen zielen. Sie sagen nichts über die individuellen Fähigkeiten der Araber aus, die wie überall auf der Welt der genetischen Normalverteilung unterliegen. Wer jedoch selbständige Gedanken äußert, bringt sich in vielen Staaten des Maghreb und des Nahen Ostens in Lebensgefahr. Deshalb leben viele der besten Wissenschaftler, Techniker, Schriftsteller und politischen Denker im Exil. Seit 1976 sollen nach Angaben des *Arab Human Development Reports* 23% aller arabischen Ingenieure, die Hälfte aller arabischen Ärzte und 15% aller Naturwissenschaftler ausgewandert sein. Jeder Vierte der 300.000 Hochschulabsolventen aus dem Studienjahr 1995/96 ist seitdem emigriert. Dieser *brain drain* ist mit der Vertreibung jüdischer Eliten aus Deutschland in den dreißiger Jahren durchaus vergleichbar, und er dürfte ähnlich weitreichende Folgen haben.

Noch tiefer in der arabischen Geschichte verwurzelt sind die Probleme, die mit der Stellung der Frauen zusammenhängen. Welche Auswirkungen es für die Entwicklung einer Gesellschaft hat, wenn die Hälfte der Bevölkerung massiven Beschränkungen nicht nur in der Ausbildung und im Berufsleben unterliegt, läßt sich nur schwer ermessen. Der Koran ist in dieser Beziehung eindeutig. »Die Männer stehen über den Frauen«, heißt es in Sure 4, 34, »weil Gott sie ausgezeichnet hat... Und wenn ihr fürchtet, daß sie sich auflehnen, dann vermahnt sie, meidet sie im Ehebett, sperrt sie in ihre Gemächer und schlagt sie. Wenn sie euch aber gehorchen, dann zürnt ihnen nicht.« Diese Regeln gehen zweifellos auf vorislamische Traditionen zurück. Daß sie jedoch bis heute gelten, zeigt sich am Familien-, Erb- und Strafrecht der Scharia, die nach wie vor für die Gesetzgebung der meisten arabischen Länder maßgebend ist. Christine Schirrmacher und Ursula Spuler-Stegemann haben eine gründliche Einführung in diese Rechtspraxis vorgelegt.[12] Durchgängig gelten nach dieser Auffassung Frauen als Menschen zweiter Klasse. Das zeigt sich nicht nur am Scheidungsrecht, sondern auch daran, daß vor Gericht die Aussage einer Frau nur halb soviel gilt wie die eines Mannes. Im Fall der Vergewaltigung wird, bis zum Beweis des Gegenteils, die Schuld der Frau zugeschrieben; es wird ihr unterstellt, daß sie den Mann durch ihr Verhalten dazu aufgereizt hat. Die Gewalt in der Ehe unterliegt keinen Sanktionen. Allerdings wäre es nicht fair, zu verschweigen, daß das Recht der Scharia keineswegs in allen muslimischen Ländern gleich gehandhabt wird. König Mohammed VI. von Marokko hat beispielsweise in den letzten Jahren einschneidende Veränderungen des Familien- und Eherechts initiiert; im Iran studieren mehr Frauen als Männer an den Universitäten; in der Türkei ist die Scharia formal außer Kraft gesetzt; in Palästina und erst recht im Libanon nehmen viele Frauen ihre politischen und beruflichen Rechte wahr. Aus Tunesien zitiert Christine Schirrmacher jedoch ein Urteil des Kassationsgerichtshofs, in dem es heißt: »Schläge und leichte Verletzungen der Frau durch den Ehemann sind Teil der Natur eines normalen Ehelebens.« Verglichen mit solchen Normen mutet der Kopftuchstreit wie ein Ablenkungsmanöver an. Alles in allem ist die Vermutung plausibel, daß die Diskriminierung der Frauen neben den Defiziten der Wissenskultur am Rückstand der arabischen Gesellschaften die Hauptschuld trägt.

XII

Soweit der objektive Befund. Entscheidender als alle Tatsachen, die sich statistisch erheben lassen, ist jedoch die Frage, wie sie aufgenommen, beurteilt und verarbeitet werden. Es leuchtet unmittelbar ein, daß die vollständige ökonomische, technische und intellektuelle Abhängigkeit vom »Westen« für die Betroffenen schwer zu ertragen ist. Dabei handelt es sich nicht um eine Abstraktion. Alles, worauf das tägliche Leben im Maghreb und im Nahen Osten angewiesen ist, jeder Kühlschrank, jedes Telephon, jede Steckdose, jeder Schraubenzieher, von Erzeugnissen der Hochtechnologie ganz zu schweigen, stellt daher für jeden Araber, der einen Gedanken fassen kann, eine stumme Demütigung dar.

Die so erfahrene Verlierersituation wird jedoch durch einen kulturellen Faktor erheblich verschärft. Sie kollidiert nämlich frontal mit einem tradierten und sorgfältig gepflegten Selbstbild. Hatte nicht eine höhere Macht den arabischen Muslimen die Suprematie über alle anderen Gesellschaften zugesichert? »Ihr seid die beste Gemeinde, die je unter Menschen entstanden ist«, heißt es im Koran (3, 111), und er gebietet auch in unzweideutigen Worten, wie diese inhärente Überlegenheit durchzusetzen ist: »Bekämpft die Schriftbesitzer, die sich nicht zur wahren Religion bekennen [damit sind die Juden und die Christen gemeint], so lange, bis sie sich unterwerfen und ihren Tribut entrichten« (9, 29). Da dieser Anspruch in einem heiligen Text festgeschrieben ist, hat er absolute Geltung und ist gegen jede Erfahrung immun. Bernard Lewis hat beschrieben, wie die Überzeugung von der eigenen Überlegenheit schon in früher Zeit dazu geführt hat, daß die Araber anderen Völkern mit Desinteresse und Herablassung begegnet sind. Er zitiert Autoritäten aus dem zehnten und elften Jahrhundert, die sich über die Völker des Nordens wie folgt äußern: »Es mangelt ihnen an Warmherzigkeit; ihre Wesensart ist grob, ihr Intellekt stumpf, ihre Leiber sind grobschlächtig, ihre Manieren rauh und ihre Zungen schwer. [...] Diejenigen von ihnen, die am weitesten im Norden leben, neigen am meisten zu Dummheit, Roheit und Gefühllosigkeit.« In einer anderen Quelle heißt es: »Es mangelt ihnen an Geistesschärfe und Klarheit des Verstandes, und sie werden von Unwissenheit und Narrheit, Blindheit und Dummheit beherrscht.«[13] Angesichts der klassischen arabischen Hochkultur muten diese Einschätzungen einigermaßen plausibel an. Das Problem liegt freilich darin, daß an ihnen um so zäher festgehalten wird, je klarer die historische Realität sie dementiert hat. Der immer weniger begründete Hochmut der Araber hat schon im Zeitalter der

Entdeckungen zu fatalen Fehleinschätzungen geführt. Von der sich abzeichnenden maritimen Globalisierung und der Eroberung der Neuen Welt durch die Europäer haben sie schlechterdings keine Notiz genommen, mit gravierenden Folgen für ihren Handel und ihre Ökonomie. Auch der Schock der Invasion Napoleons in Ägypten und die folgenden Niederlagen konnten an dieser Einstellung nichts ändern. Bis in die Gegenwart halten viele Araber an ihr fest. Die sakrosankten Vorgaben des Koran haben sich so als eine theologische Falle erwiesen. Mit den Verfassungsnormen der Moderne sind sie selbstverständlich unvereinbar. Wenn der stellvertretende Vorsitzende der Muslimbrüder in Ägypten sagt, nach dem islamischen Recht könne kein Nichtmuslim über einen Muslim herrschen, so spricht er eine Überzeugung aus, die in der arabischen Welt weit verbreitet ist.[14]

XIII

Selbstverständlich ist die Überzeugung von der eigenen Überlegenheit kein Spezifikum der arabischen Mentalität; Europäer und Nordamerikaner stehen in dieser Hinsicht anderen Kulturen in nichts nach. Was ihr jedoch eine eigentümliche Energie verleiht, sind zwei Momente. Zum einen ist der Glaube an die eigene Suprematie religiös fundiert. Zum andern kollidiert er mit der unübersehbaren eigenen Schwäche. Das führt zu einer narzißtischen Kränkung, die nach Kompensation verlangt. Schuldzuweisungen, Verschwörungstheorien und Projektionen aller Art gehören deshalb zum kollektiven Gefühlshaushalt. Ihnen zufolge hat die feindselige Außenwelt nichts anderes im Sinn, als die arabischen Muslime zu demütigen.

Mit extremer Reizbarkeit wird daher auf jede vermeintliche oder reale Beleidigung reagiert. Wie leicht es ist, derartige Empfindlichkeiten zu instrumentalisieren, ist kein Geheimnis. Jedes Verliererkollektiv neigt zu Erregungszuständen, die sich politisch ausbeuten lassen. Mag ein Anlaß noch so geringfügig oder lächerlich scheinen, die Versuchung, aus ihm politisches Kapital zu schlagen, ist für jeden strategisch interessierten Part unwiderstehlich.

Was bei den Konfrontationen, die sich aus dieser Mentalität ergeben, völlig auf der Strecke bleibt, ist das elementare Prinzip der Gegenseitigkeit. So gibt es zum Beispiel zwei miteinander gänzlich unvergleichliche Gefühle: die eigenen und die der anderen. Die der Ungläubigen zu verletzen ist eine alltägliche Übung. (Übrigens gibt schon diese Bezeichnung zu denken; andere Religionen als der Islam glauben offenbar nicht an etwas anderes, sondern an gar nichts.) Die Beleidigung Andersdenkender gehört zum Standardrepertoire islamischer Medien. Wenn Ariel Scharon gezeigt wird, wie er mit einer Axt in der Form eines Hakenkreuzes palästinensische Kinder schlachtet, so ist das normal; umgekehrt zeigt sich die arabische Welt gekränkt, wenn sich irgendein Karikaturist über sie lustig macht.[15] Der Bau von Moscheen auf der ganzen Welt wird als unveräußerliches Recht in Anspruch genommen; der Bau von christlichen Kirchen ist in vielen arabischen Ländern undenkbar. Die Glaubenspropaganda der Muslime ist heiliges Gebot, die Mission anderer Religionen ein Verbrechen. Schon der Besitz einer Bibel wird in Saudi-Arabien strafrechtlich verfolgt. Ein selbsternannter Kalif brandmarkt seine Ausweisung als Verstoß gegen die Menschenrechte. Die Aufforderung, einen abtrünnigen Romanautor zu ermorden, wird hingegen von vielen Muslimen gebilligt. Parolen wie »Tod den Ungläubigen (den Amerikanern, Dänen, Deutschen usw.)« werden als legitime Form des Protestes betrachtet, für die jedermann Verständnis haben müsse. Mit der Miene der gekränkten Unschuld fordern Haßprediger die Meinungsfreiheit ein, die abzuschaffen ihr erklärtes Ziel ist. Die Sprengung der Buddhastatuen von Bamian gilt in Afghanistan als gottgefällige Tat; von gewalttätigen Reaktionen aus Thailand oder Japan war nichts zu hören. Sobald aber ein Film gezeigt werden soll, der islamische Sitten kritisiert, wird der Mob in Stellung gebracht, und es hagelt Todesdrohungen. Respekt wird lauthals eingefordert, aber anderen nicht erwiesen. Während Klagen über die Diskriminierung von Muslimen in der Diaspora an der Tagesordnung sind, versteht sich die

Diskriminierung von »Ungläubigen« und von Frauen durch die Muslime von selbst.

XIV

Sich über den eklatanten Bruch des Prinzips der Gegenseitigkeit zu empören ist Zeitverschwendung. Wer darüber die Nerven verliert, ist selber schuld. Solange es bei Beleidigungen und absurden Forderungen bleibt, wird es besser sein, mit unnachgiebiger Ruhe zu reagieren und Hetzer wie Schreihälse ihrer eigenen Paranoia zu überlassen. Gegen Argumente sind sie ohnehin immun, so daß es sich erübrigt, auf ihre öden und repetitiven Parolen einzugehen. Wenn es allerdings um Brandstiftung, Geiselnahme und Mord geht, hilft nur das Gewaltmonopol der Polizei und der Justiz. Spätestens an diesem Punkt erweist sich der als Allheilmittel angepriesene »Dialog« als Selbsttäuschung. Gerade besonders liberale Gesellschaften wie die niederländische haben erfahren müssen, daß die Taktiken der Verharmlosung und der Beschwichtigung die Konflikte mit feindseligen Migranten nicht eindämmen, sondern verschärfen. Sie begünstigen den Aufstieg rechtspopulistischer Parteien und die Eskalation der Gewalt.

Jedem, der zu derartigen Schlüssen kommt, schallt augenblicklich das Argument entgegen, es handle sich um ein Pauschalurteil. Das gilt natürlich für jede Aussage, die ein Kollektiv betrifft, zum Beispiel die Menschheit; die Alternative wäre ein jeden Bewohner des Planeten umfassendes Register mit individuellem Steckbrief samt einem DNA-Test, der ihre Einzigartigkeit darlegt. Leuten, die so etwas fordern, sei ein sehr einfacher Satz eingeschärft, der sich im übrigen für jeden vernunftbegabten Menschen von selbst versteht: Nicht alle Muslime sind Araber, nicht alle Araber sind Verlierer, nicht alle Verlierer sind radikal.

Andererseits exekutiert eine Hetzmeute, wie Wolfgang Sofsky sagt, nicht einfach die Befehle eines Präsidenten oder eines Schriftgelehrten: »Diktaturen können Hunderttausende nur mobilisieren, weil die Bevölkerung selbst zum Angriff bereit ist. Immerhin wird die Armee der militanten Djihadisten weltweit auf rund sieben Millionen geschätzt.«[16] Das ist allerdings eine Zahl, die sich empirisch kaum belegen läßt. Die anderen, friedlichen Muslime in aller Welt, die zweifellos eine Mehrheit darstellen, kann man nur bedauern. Durch die Offensive der Islamisten geraten sie in eine schwierige Lage. Fast zwangsläufig entwickeln sie ein gespaltenes Bewußtsein. Nach einer Umfrage aus dem Jahr 2004 möchten 60% der britischen Muslime unter der Scharia leben, was bedeutet, daß sie nicht gewillt sind, sich an die Gesetze des Landes zu halten.[17] Schon deshalb muß es ihnen schwerfallen, sich klar von den Hetzern, die im übrigen keinerlei Rücksicht auf ihre Interessen nehmen, zu distanzieren. Also …

XV

Also wenden wir uns lieber noch einmal der Frage zu, woher es kommt, daß die islamische Bewegung mit ihren Verheißungen alle säkularen Konkurrenten aus dem Feld schlagen und eine wachsende Zahl von Tätern rekrutieren konnte. Je genauer man ihre Mentalität ins Auge faßt, desto deutlicher zeichnet sich ab, daß man es mit einem Kollektiv von radikalen Verlierern zu tun hat. Alle Charakteristika, die aus anderen Zusammenhängen hinreichend bekannt sind, kehren hier wieder: die gleiche Verzweiflung über das eigene Versagen, die gleiche Suche nach Sündenböcken, der gleiche Realitätsverlust, das gleiche Rachebedürfnis, der gleiche Männlichkeitswahn, das gleiche kompensatorische Überlegenheitsgefühl, die Fusion von Zerstörung und Selbstzerstörung und der zwanghafte Wunsch, durch die Eskalation des Schreckens Herr über das Leben der anderen und über den eigenen Tod zu werden.

Verschieden ist allein die Dimension der Verbrechen. Der isolierte Amokläufer verfügt nur über eine Pistole oder ein Küchenmesser; der drogensüchtige Aids-Kranke, der vor seinem eigenen Ende so viele Partner wie möglich mit dem Virus ansteckt, benützt nur seinen Körper als Waffe. Dagegen genießt der Gotteskrieger eine solide Ausbildung; hinter ihm stehen potente Geldgeber; es fehlt ihm nicht an modernen Kommunikationsmitteln und an einer weitverzweigten Logistik;

und in absehbarer Zeit drücken ihm seine Auftraggeber womöglich sogar ABC-Waffen in die Hand.

Alle Erklärungen, die sich primär auf die soziale Lage der Täter beziehen, greifen zu kurz. Nicht nur die Auftraggeber und Ideologen des Terrors stammen überwiegend aus einflußreichen und wohlhabenden Familien. Auch unter den Tätern sind die Armen unterrepräsentiert. Das amerikanische Foreign Policy Research Institute hat eine der wenigen einschlägigen Klassenanalysen publiziert – natürlich ohne einen so verdächtigen Ausdruck in den Mund zu nehmen. Von vierhundert bekannten Anhängern der Al Qaida wiesen 63 % einen Oberschulabschluß auf, drei Viertel stammten aus dem Milieu der Ober- oder Mittelklasse; ebenso viele waren Akademiker, darunter Professoren, Ingenieure, Architekten und andere Fachleute.[18]

Der radikale Verlierer muß also keineswegs zu den Entrechteten dieser Erde gehören. Wie im Fall des isolierten Amokläufers ist er gewöhnlich ein Mann. Frauen sind unter den Tätern in hohem Maße unterrepräsentiert. Ausnahmen wie die sogenannten Schwarzen Witwen aus Tschetschenien und die Attentäterinnen aus Palästina bestätigen diese Regel nur.

Auffällig ist auch, daß die wenigsten Terroristen aus strenggläubigen Milieus hervorgegangen sind. Das wirft ein Licht auf die ideologische Rolle der Religion. Hier ist man als Außenstehender auf Vermutungen angewiesen. Vieles deutet aber darauf hin, daß es mit der

Frömmigkeit der Terroristen nicht weit her ist. Die Täter klammern sich an einen Glauben aus zweiter Hand, der sich selbst nicht mehr recht glauben will. »Solcher Halbglaube tritt stets mit einem penetranten Anspruch auf Gehorsam auf. Er kennt keinen Kompromiß und ist notorisch beleidigt. Da ihm die letzte Sicherheit fehlt, benötigt er als Stütze die Autorität oder die direkte Aktion.«[19]

Man kann den Eindruck haben, daß die Emigration die psychischen Risiken der Verlierer nicht mindert, sondern verschärft. Unabhängig von ihrer ökonomischen Lage sind die entwurzelten Migranten aus dem arabischen Raum durch die unmittelbare Konfrontation mit der westlichen Zivilisation einem dauerhaften Kulturschock ausgesetzt. Das gilt besonders für die männlichen Auswanderer. Der scheinbare Überfluß an Waren, Meinungen, ökonomischen und sexuellen Optionen führt zum *double bind* von Attraktion und Ablehnung, und die fortwährende Erinnerung an den Rückstand der eigenen Zivilisation wird unerträglich. Die Folgen für das eigene, ohnehin labile Selbstwertgefühl liegen ebenso auf der Hand wie der Drang, sie durch Verschwörungstheorien und Racheakte zu kompensieren. In dieser Lage stellt das Angebot der Islamisten, andere für das eigene Versagen zu bestrafen, für viele eine starke Versuchung dar.

XVI

Die reinste Form des islamischen Terrors ist das Selbstmordattentat. Auf den radikalen Verlierer übt sie eine unwiderstehliche Anziehungskraft aus; denn sie erlaubt es ihm, seine Größenphantasien ebenso auszuagieren wie seinen Selbsthaß. Feigheit ist übrigens das letzte, was ihm vorgeworfen werden kann. Der Mut, der ihn auszeichnet, ist der Mut der Verzweiflung. Sein Triumph besteht darin, daß man ihn weder bekämpfen noch bestrafen kann, denn das besorgt er selbst. Daß er nicht nur andere auslöscht, sondern sich selber, ist seine letzte Befriedigung, ein Wunsch, den das Geständnis-Video der Al Qaida nach dem Madrider Anschlag vom März 2004 mit aller Deutlichkeit ausdrückt: »Ihr liebt das Leben, wir lieben den Tod, und deshalb werden wir siegen.« Auch diese Gemütsregung ist in Europa nicht unbekannt; einer der Generäle Francos hat sich im Oktober 1936 in Salamanca ähnlich ausgedrückt: *»¡Viva la muerte! ¡Abajo la inteligencia!«*

Für seine Auftraggeber stellt der Selbstmordattentäter eine Waffe dar, die unschlagbar ist, weil sie von keinem Aufklärungssatelliten erfaßt und praktisch überall eingesetzt werden kann. Sie ist außerdem äußerst kostengünstig.

XVII

Der historische Guerrillakrieg verfolgte stets das Ziel, die Unterstützung der Zivilbevölkerung zu gewinnen. Darauf beruhte nicht nur seine Logistik, sondern auch seine politische Legitimation. Den Islamisten ist diese Strategie fremd. Das zeigt sich an der Beliebigkeit ihrer Angriffsziele. Während sich die russischen Terroristen des neunzehnten Jahrhunderts und ihre Nachfolger auf den Klassenkampf beriefen und ihre Opfer unter den Mächtigen und den Reichen auswählten, töten die islamischen Gotteskrieger mit Vorliebe unbeteiligte U-Bahn-Passagiere, kleine Angestellte, Diskothekenbesucher, Frauen, die auf dem Markt einkaufen, oder Leute, die irgendwo Schlange stehen.

Daß die destruktive Energie der islamistischen Aktionen sich, anders als der Westen zu glauben scheint, überwiegend gegen die Muslime richtet, ist insofern kein taktischer Fehler und kein »Kollateralschaden«. Allein in Algerien hat ihr Terror mindestens 50.000 einheimische Mitbürger das Leben gekostet; andere Quellen sprechen von bis zu 150.000 Morden, an denen allerdings auch das Militär und die Geheimdienste beteiligt waren. Auch im Irak und in Afghanistan übersteigt die Zahl der muslimischen Opfer die der Fremden bei weitem. Überhaupt ist von der hysterischen Empfindlichkeit, die sie im Verhältnis zur Außenwelt an den Tag legen, nichts zu spüren, wenn es sich um innere

Konflikte der arabischen Welt handelt. Kein Hahn kräht danach und keine Fatwa ergeht dagegen, wenn arabische Muslime im Irak, im Tschad, in Darfur oder in Afghanistan Muslime töten. Ebenso wie die panarabische Einheit erweist sich in solchen Fällen die im Koran beschworene Geschlossenheit der *ummah* als fromme Lüge.

Daß der Terror nicht nur das Ansehen des Islam, sondern auch die Lebensbedingungen seiner Anhänger in aller Welt schwer beschädigt, stört die Islamisten ebensowenig wie die Nationalsozialisten der Untergang Deutschlands. Als Avantgardisten des Todes liegt es ihnen fern, auf das Leben ihrer Glaubensbrüder Rücksicht zu nehmen. Daß die meisten Muslime keine Lust haben, sich und andere in die Luft zu sprengen, zeigt in den Augen der Islamisten nur, daß sie nichts Besseres verdient haben, als selber liquidiert zu werden. Das Ziel des radikalen Verlierers besteht ja gerade darin, möglichst viele andere zu Verlierern zu machen. Daß die Islamisten in der Minderheit sind, kann in ihren Augen nur daran liegen, daß sie Auserwählte sind.

XVIII

An Lösungen für das Dilemma der arabischen Welt ist der Islamismus nicht interessiert; er erschöpft sich in der Negation. Es handelt sich um eine im strengen Sinn unpolitische Bewegung, da sie keinerlei verhandelbare Forderungen erhebt. Im Klartext wünscht sie, daß die Mehrheit der Bewohner des Planeten, die aus Ungläubigen und Abtrünnigen besteht, kapitulieren oder umgebracht werden soll.

Dieser brennende Wunsch ist unerfüllbar. Gewiß reicht die destruktive Energie der radikalen Verlierer aus, um Tausende, vielleicht Zehntausende von Unbeteiligten umzubringen und die Zivilisation, der sie den Kampf angesagt haben, nachhaltig zu beschädigen.

Ein Indiz für die Wirkung, die ein paar Dutzend lebender Bomben erzielen können, sind die alltäglichen Kontrollen, an die sich die Welt gewöhnt hat. Etwa 1,7 Milliarden Flugpassagiere müssen Jahr für Jahr Visitationen über sich ergehen lassen, die nicht nur lästig, sondern auch demütigend sind. Zu bedauern ist übrigens auch das Sicherheitspersonal, das angewiesen ist, mit ernster Miene tonnenweise Nagelscheren zu konfiszieren.

Das ist allerdings der geringste der Zivilisationsverluste, die der Terror zur Folge hat. Er kann ein allgemeines Klima der Angst erzeugen und panische Gegenreaktionen auslösen. Er steigert Macht und Einfluß der politischen Polizei, der Geheimdienste, der Rüstungsindustrie und der privaten Sicherheitsanbieter, fördert die Verabschiedung immer repressiverer Gesetze, vergiftet das politische Klima und führt zum Verlust historisch erkämpfter Freiheitsrechte. Es bedarf keiner Verschwörungstheorien, um einzusehen, daß es Leute gibt, denen diese Folgen des Terrors durchaus willkommen sind. Es geht nichts über einen Außenfeind, auf dessen Existenz die Apparate der Überwachung und der Repression sich berufen können. Nicht nur am Beispiel der russischen Innenpolitik zeigt sich, wohin das führt. Die gefährlichste aller Auswirkungen des Terrors ist die Infektion am Gegner. Auch die amerikanische Demokratie hat sich erwiesenermaßen von ihren islamistischen Feinden anstecken lassen und Mittel wie willkürliche Gefangennahme, Entführung und Folter aus deren Repertoire übernommen.

Was den Gotteskriegern in die Hände spielt, sind aber nicht zuletzt die Abhängigkeit nicht nur des Westens, sondern auch Chinas vom Erdöl des Nahen Ostens und die Unfähigkeit des internationalen Kapitals, auf Geschäfte mit denjenigen Staaten der Region zu verzichten, die den Terrorismus unterstützen.

XIX

Dies alles kann der Islamismus als Erfolg verbuchen. Es ändert jedoch nichts an den tatsächlichen Machtverhältnissen. Selbst der spektakuläre Angriff auf das World Trade Center konnte die Vormachtstellung der Vereinigten Staaten nicht erschüttern; die New Yorker Börse hat ihre Arbeit bereits am Montag nach dem Angriff wiederaufgenommen; die langfristigen Auswirkungen auf das internationale Finanzsystem und auf den Welthandel waren minimal.

Dagegen sind die Konsequenzen für die arabischen Gesellschaften fatal. Denn die langfristig verheerendsten Folgen wird nicht der Westen zu tragen haben, sondern jene Weltregion, in deren Namen der Islamismus agiert. Nicht nur Flüchtlinge, Asylsuchende und Migranten werden darunter leiden. Ganze Völker werden durch die Aktionen ihrer selbsternannten Stellvertreter, jenseits aller Gerechtigkeit, einen immensen Preis bezahlen müssen. Die Vorstellung, daß der Terror ihre Zukunftsaussichten, die ohnehin schlecht genug sind, verbessern könnte, ist absurd. Die Geschichte kennt kein Beispiel dafür, daß regredierende Gesellschaften, die ihr eigenes produktives Potential abwürgen, auf die Dauer überlebensfähig sein könnten.

Das Projekt der radikalen Verlierer besteht darin, wie derzeit im Irak und in Afghanistan, den Selbstmord einer ganzen Zivilisation zu organisieren. Daß es ihnen gelingen könnte, ihren Todeskult grenzenlos zu verallgemeinern und zu verewigen, ist nicht wahrscheinlich. Ihre Anschläge stellen ein permanentes Hintergrundrisiko dar, wie der alltägliche Unfalltod auf den Straßen, an den wir uns gewöhnt haben. Damit wird eine Weltgesellschaft, die von fossilen Brennstoffen abhängig ist und die fortwährend neue Verlierer produziert, leben müssen.

Eine erste, verkürzte Fassung dieses Essays ist im November 2005 im SPIEGEL erschienen.

Anmerkungen

1 Odo Marquard, *Philosophie des Stattdessen*, Stuttgart: Reclam 2001, S. 37.
2 Immanuel Kant, zitiert nach dem *Deutschen Wörterbuch* von Jacob und Wilhelm Grimm, Band 16, Spalte 468.
3 J 338, *Schriften und Briefe* I, München: Hanser 1968.
4 Lichtenberg A 126.
5 *Jenseits von Gut und Böse*, 13.
6 Olivier Roy, *Globalized Islam: The Search for a new Ummah*, London: Hurst 2004.
7 Faisal Acuji, *Landscapes of the Jihad: Militancy, Morality and Modernity*, Ithaca, N. Y.: Cornell University Press 2005.
8 Zitiert nach: *Der Islam in der Gegenwart*, hg. v. Werner Ende und Udo Steinbach, München: Beck [3]1991, S. 599f.
9 2002: *Freedom, education and women's empowerment*; 2003: *Knowledge deficit*; 2004: *Governance and misgovernance*. Die englische Fassung des Berichts ist im Internet verfügbar unter <www.palestineremembered.com/Acre/Articles/Story1346.html>
10 Berlin: Propyläen 2005.
11 Bernard Lewis, *Die Araber*, München: dtv 2002, S. 219-221.
12 *Frauen und die Scharia. Menschenrechte im Islam*, München: Diederichs 2004.
13 Al Masudi und Said Al Andalusi, nach Bernard Lewis, a. a. O., S. 213-214.
14 Zitiert nach der *Frankfurter Allgemeinen Zeitung* vom 9. Dezember 2005.
15 Hinweis von Ellen Werner auf eine Zeichnung in der saudischen *Arab News* vom April 2002.
16 Wolfgang Sofsky, »Mob der Frommen«, in: *Die Welt*, 15. Februar 2006.
17 Zitiert in: *The New Criterion,* Januar 2006.
18 Zitiert in: *Scientific American,* Januar 2006.
19 Wolfgang Sofsky, a. a. O.

Hans Magnus Enzensberger im Suhrkamp und im Insel Verlag

Ach Europa! Wahrnehmungen aus sieben Ländern. Mit einem Epilog aus dem Jahre 2006. Gebunden und st 1690. 501 Seiten

Aussichten auf den Bürgerkrieg. Bütten-Broschur. 97 Seiten. st 2524. 96 Seiten

Blindenschrift. es 217. 96 Seiten

Deutschland, Deutschland unter anderm. Äußerungen zur Politik. Sonderausgabe. es 203. 178 Seiten

Dialoge zwischen Unsterblichen, Lebendigen und Toten. 216 Seiten. Gebunden

Diderots Schatten. Unterhaltungen, Szenen, Essays. Übersetzt, bearbeitet und erfunden von H. M. Enzensberger. 398 Seiten. Leinen

Einladung zu einem Poesie-Automaten. es 2156. 80 Seiten

Einzelheiten
I: Bewußtseins-Industrie. es 63. 213 Seiten
II: Poesie und Politik. es 87. 143 Seiten

Die Elixiere der Wissenschaft. Seitenblicke in Poesie und Prosa. Gebunden und st 3632. 288 Seiten

Der Fliegende Robert. Gedichte, Szenen, Essays. 351 Seiten. Leinen. st 1962. 350 Seiten

NF 274/1/6.04

Die Furie des Verschwindens. Gedichte. es 1066. 86 Seiten

Gedichte. Verteidigung der Wölfe. Landessprache. Blindenschrift. Die Furie des Verschwindens. Zukunftsmusik. Kiosk. Sechs Bände in Kassette. st 3047. 633 Seiten

Gedichte. Eine Auswahl 1950 - 2000. Mit Original-Hörprobe auf CD. st 3353. 178 Seiten

Geisterstimmen. Übersetzungen und Imitationen. Gebunden. 394 Seiten

Die Geschichte der Wolken. 99 Meditationen. 150 Seiten. Gebunden. Auch als limitierte und signierte Vorzugsausgabe

Die große Wanderung. Dreiunddreißig Markierungen. Mit einer Fußnote ›Über einige Besonderheiten bei der Menschenjagd‹. 84 Seiten. Bütten-Broschur. st 2334. 76 Seiten

Kiosk. Neue Gedichte. Leinen und BS 1256. 134 Seiten

Der kurze Sommer der Anarchie. Buenaventura Durrutis Leben und Tod. Roman. Gebunden und st 395. 300 Seiten

Landessprache. Gedichte. es 304. 98 Seiten

Leichter als Luft. Moralische Gedichte. Leinen. 132 Seiten. Auch als limitierte und signierte Vorzugsausgabe

Mausoleum. Siebenunddreißig Balladen aus der Geschichte des Fortschritts. 125 Seiten. Halbleinen. BS 602 und st 2377. 128 Seiten

NF 274/2/6.04

Mittelmaß und Wahn. Gesammelte Zerstreuungen. Gebunden. 282 Seiten. st 1800. 279 Seiten

Nomaden im Regal. Essays. es 2443. 198 Seiten

Politik und Verbrechen. Neun Beiträge. st 442. 396 Seiten

Politische Brosamen. Pappband. 236 Seiten

Die Tochter der Luft. Ein Schauspiel. Nach dem Spanischen des Calderón de la Barca. 130 Seiten. Broschur

Der Untergang der Titanic. Eine Komödie. Gebunden und st 681. 115 Seiten

Das Verhör von Habana. Mit 12 Abbildungen. 280 Seiten. Gebunden

Verteidigung der Wölfe. BS 711. 107 Seiten

Voltaires Neffe. Eine Fälschung in Diderots Manier. 71 Seiten. Bütten-Broschur.

Der Weg ins Freie. Fünf Lebensläufe, überliefert von Hans Magnus Enzensberger. es 759. 116 Seiten

Zickzack. Aufsätze. 200 Seiten. Gebunden. st 2940. 201 Seiten

Zukunftsmusik. Leinen und st 2223. 119 Seiten

NF 274/3/6.04

Hans Magnus Enzensberger
als Herausgeber

Allerleirauh. Viele schöne Kinderreime, versammelt von Hans Magnus Enzensberger. Mit 391 Holzschnitten. it 115. 381 Seiten

Freisprüche. Revolutionäre vor Gericht. st 111. 478 Seiten

Museum der modernen Poesie. Eingerichtet von Hans Magnus Enzensberger. Mehrsprachige Ausgabe. Leinen im Schmuckschuber. 866 Seiten. st 3446. Großformat im Schuber. 866 Seiten

Requiem für eine romantische Frau. Die Geschichte von Auguste Bußmann und Clemens Brentano. Nach gedruckten und ungedruckten Quellen. Mit farbigen Fotos aus dem Film. it 2273. 357 Seiten

Über Hans Magnus Enzensberger

Jörg Lau. Hans Magnus Enzensberger. Ein öffentliches Leben. st 3179. 400 Seiten

Der Zorn altert, die Ironie ist unsterblich. Über Hans Magnus Enzensberger. Herausgegeben von Rainer Wieland. Mit Beiträgen von Irene Dische, Robert Gernhardt, Reinhold Grimm, Jochen Hörisch, Péter Nádas, Peter Rühmkorf, Gaston Salvatore, Frank Schirrmacher u. v. a. st 3099. 349 Seiten

NF 274/4/6.04